Limericks 2 -

einfach menschlich

von Hans-Jürgen Sträter

Inhalt

Vorwort

Limericks uns Freude machen,
Nonsens-Reime, schöne Sachen,
illustrieren, zeichnen, schreiben,
immer "einfach menschlich" bleiben, -
so gibt´s öfter was zu lachen ...

LO

Frei nach Shakespeare:

... ist dies auch Unsinn, so hat es doch Methode ...

folgt der ersten Ausgabe "Limericks - einfach menschlich" eine zweite.

Und den Spaß und die Freude des Kleeblatts Laue, Otten, Sträter beim Schreiben und Illustrieren der Nonsens-Reime möchten wir - mit einem Augenzwinkern - durch dieses Büchlein weitergeben.

Braunschweig, 14. Juni 2023   Hans-Jürgen Sträter

Augenblick

Ein Mensch allein vom Auge her

strahlt aus ..„ich glaub' es geht nicht mehr!"

Es ist zuerst der Blick

der zeigt, ihm fehlt das Glück. -

Sein Leben momentan ist schwer ...

LO

Augenschein

Ein Mensch ist gar nicht gern allein,

Alleinsein findet er gemein.

Ein Partner bringt die Happyness,

na so was, wie erkennt man es? –

Einfach am glücklichen Augenschein ...

LO

Der Ball ist rund

Ein Mensch streitet gern und überall,

diesmal geht es um den Ball.

So behauptet er mit frechem Mund,

ein Ball ist niemals rund. -

Wer so was sagt hat einen Knall ...

LO

Der Rittmeister

Ein Mensch lebte in Witten

und war ganz gut beritten.

Doch setzte er sich auf sein Pferd

des öfteren leider verkehrt, -

sein Tier hat sehr gelitten ...

HJS

Der Zufriedene

Ein Mensch ruht vollkommen in sich,

das strahlt er aus, auch äußerlich.

Sein frohes Pfeifen klingt von fern;

man trifft und spricht ihn einfach gern, -

.... so fühle nicht nur ich ...

LO

Eiffel-Tor

Ein Mensch symbolisiert den Ball,

für ihn ist Fußball überall.

Er geht so weit und stellt sich vor,

der Eiffelturm wird zum Eiffel-Tor. -

Oh Mann ... jetzt hat er einen Knall ...

LO

Friseur-Malheur

Ein Mensch möcht' eine kesse Frisur,

lang, kraus und wild wie die Natur.

nach vielen Stunden beim Friseur

sah er am Ende das Malheur -

Haar' wie Pommes an der Schnur ...

LO

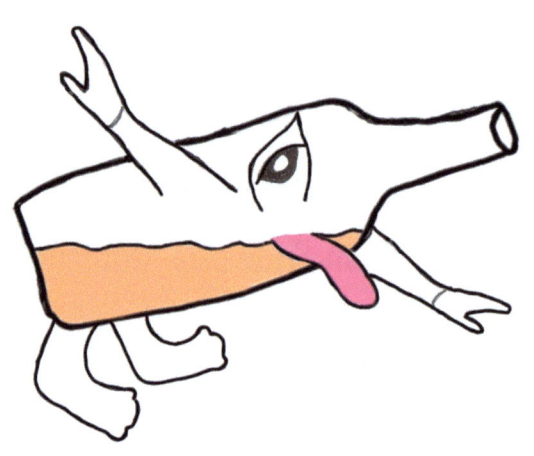

Gehheimweg

Ein Mensch geht gern' einmal spazieren

und will dabei auch Schnaps probieren.

Er kehrt in manches Wirtshaus ein

und trinkt dazu viel Bier und Wein, -

heim kommt er dann auf allen Vieren ...

HJS

Hasenglück

Ein Mensch geht oft ins weite Feld,

wo man nach Hasen Ausschau hält.

Enttäuscht muss er nach Hause gehn,

die Tiere lassen sich nicht sehn; -

der Rauhhaardackel zu laut bellt ...

HJS

ich...ich...ich

Ein Mensch spricht immerzu von sich,

er meint nicht mich, er meint nicht dich

und wenn die anderen zaghaft fragen,

dürfen wir auch mal etwas sagen, -

schaut' er sie an, ganz ärgerlich ...

LO

Kokosnuss

Ein Mensch schaut mit Verdruss

auf eine Kokosnuss.

Selbst mit viel Schweiß im Nacken

kann er sie nicht knacken. -

Mit dem Genuss ist erst mal Schluss ...

LO

Künstliche Intelligenz [KI]

Der Mensch träumt von KI,

und sieht sich bereits als ein Genie,

mit tausenden von Möglichkeiten

seine Grenzen auszuweiten, -

doch dieser Traum erfüllt sich nie ...

LO

Kugelhund

Ein Mensch kauft sich einen Hund

und meint, das hält ihn sehr gesund.

Er will mit ihm spazierengeh'n,

doch das war dann wohl ein Verseh'n, -

nun sind sie beide kugelrund ...

HJS

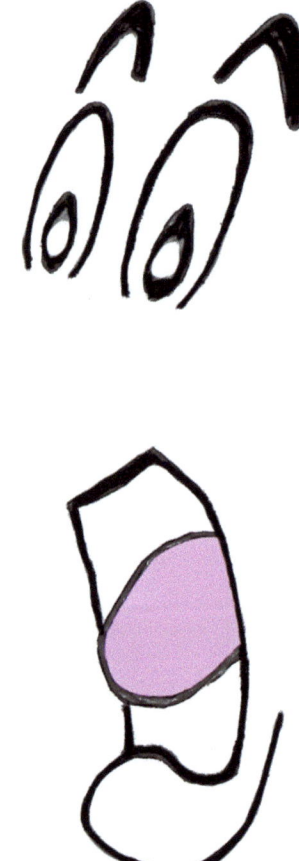

Lauscher an der Wand

Ein Mensch steht lauschend an der Wand,

hört dort entsetzt die eig'ne Schand.

Beschimpfungen der übelsten Sorte

und viele, viele böse Worte, -

sein Name wurde auch genannt ...

LO

PISA lässt grüßen

Ein Mensch denkt, ach Schulkinder ihr süßen,

wieder müsst ihr mit Grammatik büßen:

wenn ich sein ihm und wir sein dich

mit du von ihr, das merk ich mich, -

... oder einfach "PISA" lässt grüßen ...

LO

Primaballerina

Ein Mensch hat schon sehr früh kapiert

Tanzen gelingt, wenn man trainiert.

Er fand es anfangs auch ganz prima,

sah sich bereits als Ballerina, -

doch wer nicht ständig übt, verliert ...

LO

Scheinwelt

Ein Mensch liebt Kleider mit Design,

hauptsache sie sind teuer und fein.

Und hat er sich hineingepresst,

geht er ganz stolz auf's nächste Fest. -

Wichtig ist allein der Schein ...

LO

Schlafen

Ein Mensch schaut müde in die Welt,

hier geht es nur um Gut und Geld.

Doch er möcht' einen sicheren Hafen

und nur noch schlafen, schlafen, schlafen, -

nicht länger sein der große Held ...

LO

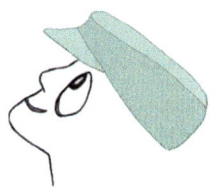

Sternenklar

Ein Mensch möchte gern glauben,

was alle graut, entstauben.

Darum er zu den Sternen schaut

und auf was Höheres vertraut, -

doch das will man ihm rauben ...

HJS

Verstarrt

Ein Mensch will sich von Sternen

und Mitmenschen entfernen.

Sein Blick nur noch nach unten starrt,

ihn die Gehirnprothese narrt, -

das Menschsein hat er nun verlernt ...

HJS

Verheißung

Ein Mensch, der viele kennt

und sie beim Namen nennt,

der wird zum Schluss ermessen,

wie schnell man wird vergessen, -

wenn nicht die Liebe brennt ...

HJS

Zweiheit

Ein Mensch sucht einen Zweiten,
um Liebe zu verbreiten,
einander zu verstehen,
zusammen durch das Leben gehen –
und das zu allen Zeiten ...

LO

Tückenflug*

Ein Tier ist für uns voller Tücke,
es passt in jede kleinste Lücke.
Wenn wir einmal spazieren gehn'
und dieses Wesen fliegen sehn`, -
ruft man sofort aus: "Mach´ne Mücke!"...

HJS

* Dieser Limerick ist aus unserem nächsten Buch:

Total tierisch -
Limericks und freche Verse

Impressum:

Limericks 2 – einfach menschlich
von Hans-Jürgen Sträter *(HJS)*

mit Illustrationen von Gisela Laue und Karl-Heinz Otten *(LO)*

Ausgabe Juni © 2023

Herstellung und Verlag: BoD - Books on Demand, Norderstedt

ISBN: 9783757817572

Weitere Bücher von Hans-Jürgen Sträter finden Sie hier: